Couvertures supérieure et inférieure
manquantes

(Extrait du MONITEUR DE LA LOZÈRE.)

UNE PROMENADE A PLANCHAMP.

BERCEAU

DES TROIS BARROT.

Quelques particularités sur le chef de la famille, Odilon Barrot.

Les grands journaux de Paris ont, attachés à leur rédaction, des écrivains touristes qui vont courir, aujourd'hui la France, demain d'autres parties de l'Europe, quelquefois même les contrées les plus reculées, et qui racontent ensuite leurs impressions et sur les hommes, et sur les choses. Certaines feuilles de province, tout en se renfermant dans un cadre plus restreint, suivent cet exemple, et, par esprit d'imitation, nous aussi, nous avons voulu faire comme les autres. Seulement, et en tenant compte de nos ressources budgétaires qui font que nous ne pouvons avoir des touristes attitrés et payés, nous sommes obligé de prendre nous-même le bâton de pèlerin. Toutefois, et pour nous renfermer dans le cadre modeste que nous nous sommes tracé, nous nous gardons bien de pousser des pointes jusqu'à Baden-Baden, Trouville, Spa, etc.; nous nous bornons donc à faire de temps en temps quelque excursion dans notre Lozère, et à traduire ensuite ici nos impressions. C'est ainsi, en jetant un regard en arrière, qu'à propos des pays, nous avons parlé déjà de Marvejols, de Villefort, de Chanac, d'Ispagnac, de Quézac, de Langogne, etc.; c'est ainsi qu'à propos des hommes, nous avons groupé dans une galerie que nous avons appelée lozérienne tous ceux de nos compatriotes qui ont marqué ou qui marquent leur passage.

1867

Nous avons, nous le savons, soulevé quelques critiques, et nous avons été accusé de voir trop de beau et trop en beau ; mais, en faisant une galerie, la tâche des exclusions était plus épineuse encore que celle des admissions, et c'est pour cela que nous avons publié tous les noms et de ceux qui ont approché ou qui ont atteint le sommet de l'échelle sociale, et de ceux qui ont su tenir une plume avec plus ou moins d'éclat. Du reste, si nous avons péché par un peu de partialité affectueuse à l'endroit des hommes et des choses, libre à ceux qui pècheraient par l'excès contraire de nous jeter la pierre ; quant à nous, nous les renverrons à cette page touchante d'*Atala* qui nous décrit l'amour du pays et qu'on ne peut lire sans verser des larmes, et, dans un autre langage que celui de Châteaubriand, nous répéterons ce dicton de nos montagnes : *à chaquo aoussel, soun nis es bel.*

Et maintenant venons-en, après ce préambule, à nos impressions de voyage ou plutôt de promenade de Mende à Planchamp. Ici, on le comprend à l'avance, si nous avons peu à dire quant aux choses, que n'aurions-nous pas à écrire quant aux hommes. C'est, en effet, une des plus petites contrées de la Lozère que ce Planchamp, et cependant, moralement parlant, elle est considérée comme l'une des plus grandes par ceux qui savent qu'elle est le berceau d'une des plus illustres familles de France. Elle n'a pas de particule, cette famille, et, du reste, quand on s'appelle Odilon Barrot tout court, tout comme on s'appelle tout court aussi Berryer, Guizot, Thiers, Billault, Rouher, Jules Favre, cette particule est du superflu, et pourtant les Barrot puisent dans la nuit des temps un long passé d'honorabilité resté intact jusqu'à nos jours. En effet, un acte authentique de 1300 porte pour signature : *Barrotus, notarius*, et au milieu du grandiose et du luxueux qui ornent l'ancienne et modeste demeure des honnêtes tabellions de Planchamp, au coin de l'immense foyer où les Barrot du vieux temps recevaient leurs clients, on voit une de ces étroites tables, supportées par un pied mobile et qui s'adossent au mur à l'aide d'une attache en bois. L'antique siége en bois, un simple banc, y est aussi. Le chef actuel de cette famille conserve ces objets avec un soin pieux, et il est tout fier de les montrer.

Toutefois, le premier des Barrot qui est sorti de Planchamp pour se mêler aux grandes affaires de la politique, c'est celui qui joua, qui risqua sa tête pour sauver celle de Louis XVI. Lui, comme ses descendants, aimait la liberté ; il croyait qu'en allant à la Convention, il serait appelé à fournir son contingent de talent, de patriotisme, de bonne volonté, pour le salut de la monarchie et du pays, en établissant le gouvernement sur les fondements solides et durables du droit constitutionnel; mais lui, comme tous ses descendants encore, détestait la licence et les saturnales, et il ne voulait pas que la France commît un grand crime. Fidèle à ce programme, il vota contre la mort du roi, et l'un des énergumènes du temps tenta peu après de l'assassiner pour le punir de ce vote. Grâce à un de ses collègues, qui dévia le coup de poignard et qui fut blessé, M. Barrot échappa à ce danger.

Ah ! nous ne voulons pas, à ce propos, rappeler des antagonismes produits dans un temps de surexcitation et de fièvre électorale ; mais, sans réveiller ces souvenirs, nous croyons avoir charge de relever de tristes erreurs historiques, quel que soit le temps où ces erreurs ont été propagées par d'odieux calomniateurs, ou par de malheureux ignorants. Ainsi le Barrot de l'ancienne Convention présenta sa poitrine au poignard des assassins et joua sa tête pour sauver celle de Louis XVI, et moins d'un siècle après, ici même, dans la patrie de cet héroïque Barrot, l'on colportait, pour combattre l'un de ses petits-fils, cette calomnie : « Le grand-père, pour sauver sa tête, a voté la chute de celle du roi. » Nous le répétons, nous ne voulons pas insister sur d'aussi tristes moyens électoraux, mais nous avons à cœur de relever une pareille erreur, et nous rappellerons les paroles du fils, d'Odilon Barrot : « Je ne songerai jamais à me plaindre de ce que mes compatriotes n'auront pas choisi l'un des miens pour les représenter ; mais j'ai le droit de me plaindre de ce que la mémoire de mon père a été indignement calomniée par certains d'entre eux. » L'œil d'Odilon Barrot brillait d'indignation en prononçant ces paroles, et puis, en parlant encore de son père (c'est son sujet de prédilection), sa voix, de vibrante qu'elle était naguère, devenait émue, et l'on se sentait gagné par son émotion.

Cela dit et sans prendre conseil de nos forces, nous tâcherons d'esquisser plus loin, sinon toute la physionomie du plus illustre enfant de la Lozère, de celui dont nous venons d'évoquer le nom et les paroles, du moins, ce que nous en avons vu et connu. Ce sera là la fin de nos impressions. Pour le moment, avant de parler de l'homme, nous dirons quelques mots de son berceau.

Planchamp est situé presque au sommet d'une montagne, et l'une des dernières maisons étagées sur le versant méridional est précisément celle d'Odilon Barrot. Ce n'est plus, comme nous l'avons dit, une de ces modestes demeures d'autrefois. Depuis le jour où il fut forcé de demander une dispense d'âge (Odilon Barrot n'avait alors que 22 ans, il en a maintenant 77) pour se mettre à la tête d'un cabinet et pour prendre rang, comme avocat, à la cour de cassation, une réputation sans tache et une fortune due au travail lui sont venues. De sa renommée, nous en parlerons plus tard ; mais, quant à sa fortune, il a voulu en prendre une bonne part pour orner le berceau de ses ancêtres et le sien. C'est maintenant un château. A l'intérieur, se trouvent un bon nombre de chambres destinées aux amis qui, pendant son séjour, vont voir le *pauvre ermite* (c'est le nom qu'il se donne en vous faisant le plus gracieux accueil) et aux employés du gouvernement que leurs fonctions appellent à Planchamp. Tout y est simple, mais de cette simplicité luxueuse qui annonce le bon goût. En fait de peinture, il y a deux tableaux qui attirent surtout l'attention. C'est d'abord une grande toile représentant la famille Barrot et qui date du Directoire. Le père et la mère ont des bambins sur les genoux, et celui qui, plus tard, devait tenir toute une chambre française attentive lorsque sa parole se faisait entendre, et qui, dans une circonstance mémorable, et alors qu'il était président du conseil des ministres, acquit la reconnaissance de toute la chrétienté en luttant énergiquement contre la Montagne, en faisant voter l'expédition de Rome et en contribuant ainsi, pour une grande part, à replacer le souverain-pontife sur le trône d'où, au lendemain de l'assassinat de Rossi, les Garibaldi, les Mazzini, les Saffi l'avaient chassé, Odilon Barrot, disons-nous, se détache un peu du groupe de famille. Mais il oublie un moment le joujou qu'il tient à la main pour regarder ses parents. Odilon Barrot, qui se trouve sur cette toile à la tête de ses 7 ou 8 ans, a pour costume celui que nos jeunes paysans portent encore de nos jours. C'est d'abord une de ces petites vestes à taille très-courte et un pantalon qui va se rattacher à un tout petit gillet. Le tout est de ce drap de pays que nous appelons *burel*. Quant à la cravate, qui n'a d'autre utilité que d'empêcher l'air de circuler, elle brille par son absence. Le cou est nu, et de chaque côté s'étalent ces larges cols de chemise qu'on voit encore dans nos campagnes. Du reste, comme nous l'avons dit, c'est le même costume que celui de nos jeunes paysans d'aujourd'hui. Comme pendant à ce tableau, ou plutôt au petit campagnard qui est séparé du groupe, sur une autre toile, nous voyons un ambassadeur avec des broderies et un grand nombre de croix attachées à la poitrine ou pendues au cou. C'est le portrait de M. Adolphe Barrot, ancien ambassadeur de France à Madrid et aujourd'hui sénateur.

Il y a dans cette opposition de costumes, en se plaçant à des âges différents, la constatation du renversement de cette féodalité où les paysans n'étaient rien et ne pouvaient arriver à rien, et l'affirmation de l'existence d'un nouvel ordre de choses qui veut que le hasard de la naissance soit subordonné à la puissance du talent, au mérite personnel de l'homme, et qui veut aussi, par voie de conséquence, que cet homme, fils de ses œuvres, qu'il sorte du peuple ou bien d'une famille blasonnée, prime, à l'aide de son talent et de son acquis, celui qui ne sait rien, et soit mis à même de rendre à son pays les services qu'il peut lui rendre.

Ce qu'il y a surtout de remarquable dans les embellissements introduits dans la demeure patrimoniale des Barrot, ce sont de grandes galeries couvertes, d'où le regard, planant du haut d'une éminence, découvre le plus vaste horizon. Ce sont des chaînes de montagnes qui s'étendent à perte de vue et des pics espacés de distance en distance ou qui paraissent superposés les uns sur les autres. Mais ces montagnes et ces pics, loin d'être stériles et dénudés comme la plupart de ceux qui surplombent sur le Lot, sont couverts de ce fruit qu'on appelle, en attribuant injustement à une autre contrée sa provenance, le marron de Lyon et qui fournit un large contingent à l'alimentation, non pas seulement du pays environnant, mais de toute la France. Soit dit en passant, les versants de Planchamp et des environs, en produisant tous la châtaigne, ne produisent pas tous cette espèce particulière qui, par sa forme, sa grosseur, sa chair savoureuse, etc., est si recherchée par les amateurs. Le vrai marron de Lyon est récolté dans un espace assez circonscrit.

Au pied de ces montagnes, coulent toujours et grondent bien souvent avec furie le Chassezac et l'Altier.

Comme incidence dans le narré de nos impressions, nous parlerons d'une toute petite maisonnette qui a été, non pas bâtie, mais placardée contre des rochers et suspendue au-dessus d'un abîme qui plonge dans l'Altier. Nous demandions à notre guide comment on pouvait sortir de cette maisonnette, comment on pouvait y arriver, et s'il se trouvait un mortel assez osé pour l'habiter. — Un vieillard de 60 ans qui a eu des malheurs et maille à partir avec la justice par suite d'une haine de famille, s'est réfugié là-dedans, nous fut-il répondu, et il y vit depuis des années avec une jeune fille, devenue sa femme, que les 60 ans de son prétendant et la sauvagerie du lieu n'avaient point effrayée, alors qu'elle n'avait que ses 16 ou 17 ans.

Non loin de là et près de la jonction du Chassezac et de l'Altier, nous distinguâmes un grand bâtiment tout neuf qui avait la forme d'une hôtellerie. Croyant, en effet, que c'était une auberge, nous nous étonnions, en songeant qu'il fallait venir là exprès pour y entrer, qu'on lui eût donné de si vastes proportions, et, curieux comme un touriste chroniqueur, nous questionnâmes. — « C'est la demeure du curé rhabilleur, nous répondit le guide. — Mais encore? — Ah! voici; le maître était naguère curé de cette paroisse que vous voyez là tout près; mais, par suite de quelques différends avec l'autorité diocésaine de l'Ardèche, de qui il dépendait, il a laissé ou on lui a fait laisser la cure, et il a fait bâtir cette grande maison. — Pour lui tout seul? — Pas du tout. C'est une hôtellerie, en effet, comme vous le pensiez; mais il n'y en a pas de mieux achalandée à vingt lieues à la ronde. — Et que peut-on faire là-dedans? —On y raccommode tous les membres disloqués ou endommagés, et l'on dit même que, pour toutes les maladies, depuis les cors aux pieds jusqu'à la calvitie, on a inventé une certaine purge qui produit des effets continus et merveilleux. — Ah! je comprends! *purgare, purgare et semper purgare.* » — Le guido, qui était un brave homme (hélas! il faut dire il était; il vient de mourir), ne comprenait pas ce latin de Molière; des explications lui furent données. — « C'est cela, reprit le guide; la purge est là le remède souverain, et s'il faut en croire ce qu'on en dit, c'est tellement fort que c'est comme si un racloir de ramonneur passait du haut en bas. Un de ces jours, une femme, effrayée des effets, n'eut rien de plus pressé, après un premier essai, que de prendre vite la fuite. Mais elle n'avait pas payé, et il fut aisé de suivre la piste. (Pardon, lecteur, mais dans les impressions de voyage, on doit être exact et fidèle, et Jules Janin, qui n'est certes pas débraillé, nous disait bien dans une des siennes qu'un tunnel lui faisait l'effet de la baleine engloutissant Jonas et le rendant sain et sauf par où l'on sait. Ce sont de ces licences de touriste, permises et pardonnées.) Bref, pour en revenir au curé rhabilleur et purgeur, l'affluence des clients est tellement grande, qu'un spéculateur a loué l'hôtellerie à un bon prix, que le propriétaire s'est réservé le logement et la nourriture, et que, tout en raccommodant et purgeant, il a cependant fréquemment recours, pour que la Faculté de médecine ne mette pas le nez dans ce qu'il fait ou fait faire, à un docteur pourvu d'un diplôme en règle.

Revenons, après cette digression, à Planchamp, et sans parler de la vigne, du figuier, du mûrier, qui viennent là ou près de là, parce que l'exposition est des plus propices, n'abandonnons pas ce fruit qu'on y récolte en si grande abondance, et disons ce qu'on fait pour le rendre bon et pour le multiplier.

Ordinairement, on le sait, les châtaigneraies se trouvent dans des endroits arides et brûlés par le soleil d'été. Aussi le fruit est-il petit, malingre et de mauvaise qualité. Pour remédier à cela, les propriétaires, après des discussions, cela se comprend, ont fini par tomber d'accord, et ils ont entrepris et exécuté des travaux gigantesques d'irrigation. On est allé prendre l'eau sur des montagnes plus élevées encore que celles des versants de Planchamp, de sorte qu'à des sommets que nous ne saurions mieux comparer qu'au sommet de Saint-Privat et à travers des blocs de rochers, on a pratiqué des canaux assez profonds et de plus de 50 centimètres de largeur. A l'heure convenue dans les stipulations réglées en commun, chacun des intéressés fait une saignée, et les eaux du canal se répandent en cascades sur sa propriété. Ce travail d'irrigation est admirable, et, non-seulement il procure pour le moment présent un peu d'humidité à de magnifiques châtaigniers, et favorise leur robusticité et leur développement; mais plus tard il se créera là des lambeaux de champ et de pré dont le produit dédommagera les intéressés de leurs peines et de leurs dépenses.

Avec les canaux, on construit aussi, là où il n'y en a pas, des murailles très-rapprochées, formant étage, et dont les intervalles sont remplis par des courroies de terrain qui deviendront productives. Nous voyons quelque chose de semblable à ces travaux dans ce qu'a exécuté M. Bouchité, boucher, à Rieucros. Seulement M. Bouchité, qui a droit à des encouragements pour son initiative, n'a pas, comme les propriétaires de Planchamp, des eaux à son service. Le canal le plus important sera celui auquel on vient de mettre la main et qui a sa prise dans le haut de la rivière de Saint-Laurent. Il mesurera dans son parcours plus de quatre lieues.

En voyant ces travaux, en suivant aussi de l'œil cette multitude de montagnes couvertes d'arbres à châtaignes, en calculant la somme de nourriture que ces arbres procurent et en présence des difficultés, des impossibilités même qui s'opposent à ce que cette nourriture soit extraite des lieux où elle se trouve pour le bénéfice du producteur et du consommateur, nous nous disions qu'une voie, si petite qu'elle fût dans le principe, pourrait partir de Villefort, suivre le cours de l'Altier, desservir tous les riverains, tous les propriétaires de ces innombrables châtaigneraies, et être poussée, moyennant le concours de l'Ardèche sur le terrain dépendant de ce département, jusqu'aux Vans. Cette voie pourrait, par la suite, devenir très-commerciale, et, en attendant, elle contribuerait à accroître sur les marchés un objet de consommation tout en opérant la diminution du prix d'achat.

Jusqu'à présent, il n'y a, pour desservir cette contrée, qu'une route étroite qui serpente depuis la base jusqu'au sommet des montagnes, et qui n'est accessible qu'au mulet.

Eh bien ! pour faire la récolte des châtaignes, il faut que des hommes au pied exercé descendent dans des précipices dont l'œil, quand il plane de haut, ne mesure la profondeur qu'avec effroi, et que ces hommes, une fois la récolte faite, grimpent, avec une charge de châtaignes sur le dos, les rochers les plus escarpés. Des ascensions pareilles sont on ne peut plus pénibles, on ne peut plus dangereuses même. On comprend donc qu'il doit se perdre énormément de fruits et on comprend aussi qu'une route creusée au bas de la montagne aurait un côté d'utilité particulière pour un assez long rayon lozérien, et un côté d'utilité générale. Des difficultés naissent dans l'esprit au seul aspect des lieux. Là et là, c'est en écorchant le rocher qu'il faudrait frayer la voie, et l'on songe à l'argent qui serait englouti sur le parcours de Villefort à la limite de l'Ardèche. Mais il est tel ou tel travail dont l'accomplissement est appelé à rendre de tels services, que le chiffre des dépenses cesse d'être un épouvantail. Du reste, et en comptant, non sans quelque raison, sur le concours des particuliers, si les propriétaires tournaient vers la construction de ce chemin de Villefort à la limite de l'Ardèche, un peu de cette activité, de cette opiniâtreté bien entendues qu'ils consacrent à l'exécution de leurs canaux d'irrigation, la charge du département ou de l'Etat, si cette voie était comprise dans les routes agricoles, serait considérablement allégée.

Et maintenant, avant de quitter Planchamp et ses environs, il faut bien mentionner son église qui, soit dit en passant, est desservie par deux hommes intelligents et capables, par deux bons et dignes prêtres, par les deux frères André. Il faut bien le dire, puisque cela est, cette demeure de Dieu est si humble et surtout si petite, qu'elle ne peut pas contenir tous les fidèles. Mais cet état de choses aura sans doute prochainement un terme. A peine arrivé à Planchamp, M. André a été douloureusement impressionné par la vue de son église, et, de concert avec son frère, il a recherché les moyens de l'agrandir, une souscription a été ouverte, les deux frères ont souscrit les premiers ; ils ont trouvé des imitateurs on ne peut mieux disposés dans les membres de la famille Barrot, un bon nombre de paroissiens ont suivi ces exemples, et aujourd'hui, Odilon Barrot s'est fait solliciteur pour que son église reçoive le plus tôt possible les agrandissements dont elle a besoin. C'est pour la seconde fois qu'il sollicite. Une première fois, il avait obtenu 8,000 fr. du ministère des cultes ; mais, par suite de regrettables longueurs, on laissa passer le délai prescrit pour les réclamer. La prescription sera-t-elle maintenue ou bien, par un nouvel ordonnancement, la dette contractée en faveur de la pauvre église de Planchamp sera-t-elle reconnue ? Nous n'en savons rien ; mais nous avons des raisons pour croire que les formalités ne traîneront pas cette fois en longueur et qu'il sera mis sous peu la main à l'œuvre.

Après avoir longuement parlé des choses concernant le berceau des Barrot, nous devrions, en finissant et en écrivant quelques impressions sur les hommes, consulter l'histoire contemporaine et y puiser des documents pour une étude sur tous ceux qui sont sortis du modeste Planchamp. Par le temps qui court, et sans se préoccuper si tel ou tel homme a des opinions identiques aux nôtres, chacun recueille avec soin ce qui a trait aux illustrations de son pays, et un écrivain se trouve qui collige le tout et en fait une œuvre. Ainsi, et sans aller bien loin chercher des exemples, nous voyons un éminent économiste, un habile écrivain, un des rédacteurs du *Journal des Débats*, M. Jules Duval, prendre à tâche de publier des biographies aveyronnaises dont chacune forme un volume. Assurément il ne partage pas les idées de tous ceux dont il a étudié la vie ; mais il s'est dit que de la gloire de celui qui s'est fait un nom, il s'en détache des rayons qui illuminent le pays qui l'a vu naître, et que cette gloire commande surtout dans ce pays le respect et l'admiration. Telle est aussi notre pensée à l'endroit de Planchamp et des Barrot qui en sont sortis ; mais, outre que nous ne sommes pas un Jules Duval et que nous éprouvons un sentiment de faiblesse en exprimant la tentation d'étudier ce qu'ils ont été et ce à quoi ils sont arrivés, la pensée nous vient que nous écrivons un article pour un petit journal et non un volume où nous aurions toujours du terrain à notre service.

Nous bornerons donc nos impressions à l'énonciation des membres qui composent la famille Barrot et à quelques particularités, puisées dans nos souvenirs, sur le chef actuel de cette famille.

De l'ancien Barrot, de celui qui, nous l'avons dit déjà, vota pour que la tête de Louis XVI fût respectée, et dont nous avons déjà parlé, date l'honorable notoriété qui accompagne ce nom.

Si nous ne craignions d'accuser un peu trop d'orgueil, nous évoquerions un souvenir personnel, et nous ajouterions qu'au point de vue politique comme dans les rapports ordinaires de la vie, M. Barrot fut l'un des meilleurs amis de notre aïeul maternel.

De M. Barrot père sont nés les trois Barrot : Odilon Barrot, que l'on appelle l'orateur ; Ferdinand Barrot, ancien ambassadeur de France à Turin, ancien ministre de l'intérieur, etc., actuellement grand-référendaire du sénat, et Adolphe Barrot, ancien ambassadeur de France à Madrid, etc., en ce moment sénateur. Odilon Barrot n'a eu qu'une fille ; mais elle est morte, et de toutes les épreuves de sa vie, celle-là a été la plus cruelle. Ferdinand Barrot a eu Frédéric Barrot, ancien sous-préfet à Cambray et fait, l'année dernière, chevalier de la Légion-d'Honneur ; Joseph Barrot, ancien candidat à la députation ; Raymond Barrot, étudiant en droit, et plusieurs filles, dont une est mariée à M. Joret des Closières, sous-préfet au Hâvre. Adolphe Barrot a pour enfants Odilon Barrot, ancien attaché d'ambassade à Madrid, en dernier lieu secrétaire d'ambassade à Whasington, et deux filles, dont l'une a épousé le comte Joachim Murat, député du Lot et petit neveu du maréchal de France, devenu roi des Deux-Siciles.

Mû par un sentiment exclusivement lozérien et auquel la politique ne prend aucune part, nous désirerions pouvoir esquisser, en terminant nos impressions, la vie du chef actuel de la famille Barrot, du plus illustre des enfants de la Lozère ; mais, nous l'avouons franchement, les documents nous font défaut, et sa biographie a été déjà faite par un maître (M. de Loménie) qui signait sa galerie des contemporains illustres : *Un homme de rien*. Nous avons songé à puiser dans cette brochure ; mais il nous a été impossible de nous en procurer un exemplaire. Force nous est donc de n'avoir recours qu'à notre mémoire et de ne citer que quelques particularités. Plus tard, si nous nous sentons un peu plus de force ou un peu plus de courage, nous écrirons, à notre tour, une biographie.

Odilon Barrot entra fort jeune dans le barreau de Paris, et, peu après son entrée, il sollicita la dispense d'âge pour prendre le rang d'avocat à la cour de cassation et pour se mettre à la tête d'un cabinet. Son air juvénil, son talent précoce, sa physionomie sympathique lui attirèrent de suite la bienveillance des membres de la cour suprême qui conçurent de lui les plus grandes espérances. Les plaideurs seuls, habitués à s'adresser à des hommes qui, avant d'arriver à porter la parole devant la cour de cassation, avaient fait un long surnumérariat, montraient de l'étonnement en voyant un jeune homme de 22 ans à la tête d'un cabinet dirigé naguère par un vieux jurisconsulte. Mais cet étonnement fit place dans peu à une confiance illimitée, et il suffit d'un court laps de temps au jeune Odilon Barrot pour réaliser les espérances que les vieux conseillers de la haute-cour avaient fondées sur lui.

En 1830, il prit part au mouvement qui porta Louis-Philippe sur le trône, et l'on dit même qu'après de longs pourparlers avec Lafayette, il fut quelque peu le saint-esprit du vieux général, lorsque, montrant le roi à la foule, Lafayette s'écria : « Voilà la meilleure des républiques ! » Odilon Barrot fut alors désigné pour être l'un des commissaires chargés d'accompagner le roi Charles X, de Rambouillet où il s'était réfugié, jusqu'à Cherbourg, lieu de son embarquement. Le voyage de ce souverain déchu, au milieu de populations évidemment hostiles aux Bourbons, dura vingt jours et se fit, par conséquent, assez lentement. Mais ces populations auraient cru manquer au respect et à l'affection que commandait partout le nom d'Odilon Barrot en donnant un libre cours à leurs sentiments. Aussi ce long trajet put-il s'accomplir sans que le monarque déchu eût à souffrir un outrage et pas même la moindre insulte. Louis XVI, un demi-siècle auparavant, s'échappant de Paris et gagnant la frontière avec la plus grande hâte, était fait prisonnier, ramené dans sa capitale au milieu des huées, et portait sa tête sur l'échafaud. Charles X, qu'une révolution venait de précipiter du haut du trône, traversait, en 1830, la France au petit pas, et, grâce à la popularité de ses guides, il pouvait monter sur le pont d'un vaisseau sans avoir vu les frémissements et les bouillonnements de la foule. Après avoir accompli cette délicate et périlleuse mission, Odilon Barrot fut nommé préfet de la Seine. C'était la première attache qui le liait à la politique d'un gouvernement. Mais cette attache convenait peu à sa nature tribunitienne ; il la rompit et reprit sa robe d'avocat. Depuis cette époque jusqu'en 1848, il plaida un grand nombre de causes célèbres, soit à Paris, soit en province ; au Palais-Bourbon, il plaida aussi, et là il plaidait la cause de la liberté, la cause de la France. Il fut toujours le chef de ce groupe de députés dévoués à la monarchie de juillet, mais opinant sans cesse pour que cette monarchie tînt un peu plus ferme, à l'extérieur, le drapeau de la France, et adoptât, pour l'intérieur, des mesures plus libérales. Ce fut là sa politique constante et invariable. Aussi, dans cette course aux portefeuilles dont l'histoire contemporaine nous trace les singulières, les dangereuses et parfois même les bouffonnes péripéties, il ne montra aucun appétit pour le pouvoir. Durant dix-huit ans, on vit arriver au but, puis chuter, puis se relever, Casimir Périer, de Broglie, Molé, Montalivet, Thiers, Guizot, etc., etc. ; mais Odilon Barrot resta et voulut toujours rester député, simple député.

Son programme était, quant à l'acte principal, la réforme électorale. Il voulait que toutes les classes de la société, même la classe ouvrière par ses syndics, par ses prud'hommes, par ses présidents de sociétés de secours mutuels, etc., fussent représentées à la chambre des députés. Il posait le principe et il n'y avait qu'à adopter le mode d'en tirer les conséquences. Il voyait les idées marcher, et il désirait que le gouvernement se mît à la tête du mouvement et non qu'il dressât des barrières pour s'opposer à son expansion. Les évènements coururent à toute vapeur, les cris de : *Vive la réforme !* étaient poussés de tout côté et frappaient sans cesse les oreilles du roi partout où il se montrait ; à la veille du 24 février, des barricades furent dressées, Paris prit feu, et Louis-Philippe, dans ses mauvais jours, songea à cet ami qui n'avait cessé de l'avertir. Un Lozérien se trouva alors à la tête de tout le royaume ; il fut nommé président du conseil des ministres.

Odilon Barrot fit tout ce qu'il était humainement possible de faire pour sauver la monarchie de juillet. Il suivit les barricades, il les franchit une à une, et, en traversant la dernière, la plus formidable, un mot d'un homme du peuple confirma des appréhensions puisées dans l'examen de la situation politique, et lui démontra que son sacrifice et son courage étaient dépensés en pure perte. Cet homme, à la poitrine nue, au regard fiévreux et armé jusqu'aux dents, se détacha d'un groupe d'émeutiers, et, s'approchant d'Odilon Barrot : « Je te connais de vieille date, lui dit-il, tu es un brave homme ; mais on te trompe, on veut nous tromper, et nous, nous ne voulons pas nous laisser tromper. » Odilon Barrot passa partout et il arriva aux Tuileries sans avoir reçu une égratignure ; mais pendant qu'il accomplissait son œuvre de courage et de dévouement, le roi était parti. Nous nous abstiendrons de raconter les circonstances de ce départ trop précipité, et nous dirons seulement que les barricades restèrent debout et qu'il s'en construisit d'autres.

Du reste, le temps d'accorder des réformes avec plus ou moins de sincérité était passé.... *C'était trop tard,* et ce mot, devenu célèbre, *il est trop tard,* devait être suivi du renversement de la maison d'Orléans.

Odilon Barrot, qui venait pour la seconde fois de prendre part à la direction des affaires et qui fut pendant quelques heures le premier ministre de France, se rendit aux Invalides, où s'était réfugiée la duchesse d'Orléans à sa sortie de la chambre des députés, et donna à cette princesse le conseil d'aller, à quelques lieues de Paris, attendre les évènements. On lui dit qu'un retour d'opinion en faveur de son fils pouvait succéder à l'effervescence populaire, et qu'alors, sans courir les dangers d'un plus long séjour à Paris, elle en serait assez près pour être instruite de tout ce qui s'y passerait. La duchesse d'Orléans suivit ce conseil ; elle se réfugia dans un château situé à quelques lieues de Paris ; mais le retour d'opinion en faveur de son fils n'eut pas lieu, et elle prit le chemin de l'exil.

Ici se place un épisode assez curieux et que nous n'avons vu raconté nulle part. En sortant de l'appartement où se trouvait la duchesse d'Orléans, un ami d'Odilon Barrot avise dans un couloir des Invalides le duc de Nemours vêtu en garde national. « Mais, prince, lui dit-il en l'abordant, c'est dangereux de rester là. — Je ne l'ignore pas; mais je ne sais où aller. — Venez alors chez moi. — Je ne demande pas mieux. »

Le soir même, cet ami d'Odilon Barrot alla trouver un de ces hommes que le 24 février venait de faire tout puissants, et il lui demanda s'il voudrait prêter les mains à ce qu'il arrivât malheur à un des princes de la maison d'Orléans. — « Mais pas du tout. — Eh bien ! j'ai le duc de Nemours chez moi. Aidez-moi à le sauver. » Le général (c'était un général) prit une plume et écrivit : « Ordre à toutes les autorités de laisser passer M. *** ainsi que son secrétaire, et de leur prêter main forte au besoin. Il s'agit d'un important service à rendre à la république. » Ce fut signé, et M. *** ainsi que son secrétaire (le duc de Nemours) arrivèrent au Hâvre. Le secrétaire s'embarqua pour l'Angleterre, et une singulière coïncidence fit que M. *** voyagea côte à côte, en retournant à Paris, avec le prince Louis-Napoléon.

Nous eûmes alors la république ; mais, aux yeux d'un grand nombre d'hommes, nous étions à une époque de transition, et tout était en question. Après l'élection de Louis-Napoléon comme prince-président, Odilon Barrot accepta un porte-feuille avec le rang de président du conseil des ministres. Ce fut son troisième et dernier passage au pouvoir.

Nous avons dit que nous ne nous sentions pas capable d'écrire une biographie, et que notre intention était seulement de citer quelques particularités sur la vie du plus illustre de nos Lozériens. Nous irions donc au-delà de ce que nous croyons pouvoir essayer, et nous dépasserions les bornes que nous nous sommes assignées, si nous prenions à tâche d'examiner tous les actes du ministère Odilon Barrot ; mais il en est un qui prime tous les autres, qui lui fournit l'occasion de déployer tout son courage, toute son énergie, tout son talent, et que nous ne devons pas, en parlant pour les populations si religieuses de la Lozère, passer sous silence.

Au moment où Odilon Barrot était nommé président du conseil des ministres de France, de lamentables événements venaient de se passer à Rome. Rossi, le ministre laïque et bien-aimé du Pape, était frappé à mort par le poignard d'un assassin, une révolution éclatait, le cardinal Antonelli, déguisé en dragon, se sauvait comme il pouvait, et le souverain-pontife, chassé de la Ville-Éternelle et de ses États, se réfugiait à Gaëte. Un triumvirat, composé de Garibaldi, Mazzini et Sa..i, gouvernait Rome. Une immense émotion et une profonde tristesse remplirent le cœur de toute la chrétienté. En sa qualité de Fille aînée de l'Eglise, la France voulut prendre fait et cause pour le chef vénéré de cette Eglise. Le prince Louis-Napoléon, président de la république; Odilon Barrot, président du conseil des ministres, et tous les hommes du pouvoir résolurent une expédition pour replacer le pape sur son trône; mais alors il ne pouvait être donné suite à un projet d'expédition qu'avec l'assentiment de l'assemblée constituante. Ce fut Odilon Barrot qui se chargea de porter et de défendre le projet devant cette assemblée.

A Paris, dans l'assemblée constituante elle-même, il y avait des hommes qui, de loin, donnaient la main aux Garibaldi, aux Mazzini de Rome, et, au lendemain du meurtre de Rossi, ce n'était pas une mission sans péril que de dire à ce Paris, à cette assemblée, à toute la France : « Nous voulons chasser les révolutionnaires de Rome et y faire revenir le pontife-roi. »

Nous écrivons des fragments d'histoire et nous ne voulons pas, en nous abstenant d'entrer dans la voie des récriminations, examiner si, dans telle ou telle circonstance, l'esprit de parti et peut-être même l'égoïsme n'ont pas fait oublier à des chrétiens ce que les chrétiens devaient au chef de la famille Barrot et à tous les siens qui partageaient son dévouement pour le saint-siége et qui lui prêtaient son concours. Nous nous contenterons de rappeler que Pie IX connaissait les sentiments religieux de cette famille, de M. Ferdinand Barrot en particulier, puisqu'il le nomma commandeur de l'ordre de saint Grégoire.

Quoi qu'il en soit, des tempêtes furieuses s'élevèrent au sommet de la Constituante lorsqu'on lui proposa de rétablir le trône de Saint-Pierre. Les apostrophes les plus violentes furent lancées; mais, au milieu même du tumulte, un membre de la Montagne, s'adressant à Odilon Barrot, lui dit : « Nous savons bien que vous êtes un honnête homme. » Odilon Barrot tint constamment tête à l'orage déchaîné surtout contre lui, et l'expédition de Rome fut votée. Tout le monde sait qu'à la suite de ce vote, une armée française rendit au Pape sa couronne de roi.

Cette lutte parlementaire et religieuse fut le couronnement du troisième et dernier passage d'Odilon Barrot aux affaires.

Maintenant il n'est rien comme homme politique; mais il reste Odilon Barrot, et c'est bien quelque chose.

Les lecteurs, quand ils ont bien lu tout ce qui a trait à un homme public, désirent aussi connaître l'homme privé. Nous croyons donc leur être agréable en ajoutant un mot aux faits un peu dépareillés que l'histoire contemporaine nous a appris et que nous venons de mentionner de notre mieux.

Parvenu à l'âge de 77 ans et plein encore de vigueur et de santé, Odilon Barrot prend en philosophe son parti de toutes les vicissitudes de la vie. Il se nourrit de souvenirs, il lit toujours, il étudie encore, il cause de temps en temps, et parfois même, quand la conversation prend une certaine tournure, sa voix redevient vibrante, son œil s'illumine d'éclairs; mais ces élans ne se font jour que lorsque le mot de patrie résonne à ses oreilles. Au demeurant, et nous savons cela, soit par nous-même, soit par ceux qui causent journellement avec lui à Planchamp, sa parole est toujours, à l'endroit des hommes et des choses, sans amertume, sans fiel, sans récriminations. Il a, nous le répétons, des mouvements d'enthousiasme, des élans de patriotisme; mais jamais des accès de haine ou de colère.

Son grand bonheur consiste, du reste, à vivre dans son Planchamp, dans son berceau qu'au milieu des grandeurs, il n'a jamais oublié et qu'il a toujours annuellement visité, et son plaisir est d'adresser quelques paroles amicales, de distribuer quelques caresses..... et autre chose aux petits paysans de son village qui envahissent surtout sa terrasse à l'heure connue de sa promenade. Seulement il leur fait souvent, mais en prenant une voix plus caline que rébarbative, le reproche de ne pas se laver assez la figure, les mains et les pieds. Ces petits enfants, ces petits montagnards sourient à cette mercuriale toute paternelle; mais ils ont l'air de n'être pas plus persuadés que les grands enfants, que les grands Montagnards de la Constituante. Enfin, ceux-ci l'estimaient, ceux-là l'aiment, et il est fier de ces sentiments inspirés aux uns et aux autres. Eh mon Dieu! quand on a parcouru une carrière comme celle dont nous venons de détacher quelques traits, et que, parvenu à un âge avancé, on jouit de la plénitude de son intelligence, ce doit être, et cela est, en effet, une suprême satisfaction, une ineffable consolation, que de pouvoir se dire: Dans le passé, j'ai commandé l'estime à tous, même à des adversaires ardents qui n'ont jamais mis en doute, qui ont toujours proclamé ma droiture et mon honnêteté; dans le présent, quelques divergences d'opinion rendent encore plus saillants l'amour et la reconnaissance que je lis sur la figure de tous les miens, de mes frères comme de mes neveux, et, enfin, dans le présent encore, dans ce berceau de ma famille où je me suis vu tout petit enfant, tout petit campagnard, je me sens tout aise d'attirer à moi les tout petits enfants, les tout petits campagnards. Ce sont là des sentiments qui puisent leurs inspirations dans une conscience tranquille, dans un esprit d'élite, dans le meilleur des cœurs.

Le chapitre favori de la conversation d'Odilon Barrot, c'est son père, et quand il en parle, sa voix trahit une grande émotion, et ses yeux bien souvent se mouillent. La politique, il l'aborde rarement, le plus rarement possible, et quand, dans l'intimité, il donne, du haut de l'une des galeries de son château, un libre cours à ses pensées, il détourne tout à coup l'attention de ceux qui l'écoutent en leur montrant le magnifique et grandiose panorama qu'on a devant les yeux. « Ici, dit-il, je suis heureux, ici c'est pour moi le parterre d'un grand théâtre, et c'est de cette éminence que j'assiste, en philosophe, aux grandes scènes de la vie. »

Une des dernières fêtes d'Odilon Barrot, ç'a été de traverser Mende, de serrer la main de ses parents et de ses anciens amis, de visiter la cathédrale et les lieux habités autrefois par les siens. Il était accompagné de deux de ses neveux, MM. Odilon et Raymond Barrot. Le froid faisait ce jour-là des débuts assez rigoureux (c'était le 4 octobre courant), et il s'est vu forcé de regagner le coin du feu. Dans la même soirée du 4, il prenait la route de Rodez pour se rendre de là à Labastide-Murat (Lot).

Et maintenant, pour relever un peu ce que nous avons écrit par ce que d'autres plus capables que nous ont écrit avant nous et mieux que nous, nous choisissons la voie des emprunts, et nous avons recours à la biographie d'Odilon Barrot, par M. de Loménie. Il est nécessaire d'ajouter, avant de citer, que les *Biographies contemporaines des hommes illustres* ont paru de 1840 à 1844, et que c'est à cette époque qu'il faut se reporter en lisant le passage que notre mémoire nous fournit. Après avoir esquissé la vie de notre compatriote, M. de Loménie termine et résume ainsi ses appréciations :

« Odilon Barrot est digne en tout point de l'influence qu'il exerce au barreau, à la chambre et dans le pays. »

Mende, impr. et lith. Ignon, Camille, rue des Bains, 11.